COLECCIÓN
LECTURAS CLÁSICAS GRADUADAS

Don Segundo Sombra

Ricardo Güiraldes

Nivel I

edelsa
GRUPO DIDASCALIA, S.A.
Plaza Ciudad de Salta, 3 - 28043 MADRID - (ESPAÑA)
TEL.: (1) 416 55 11 - FAX: (1) 416 54 11

Director de la colección:
Alfredo González Hermoso

***

Adaptador de *Don Segundo Sombra:*
Carlos Romero Dueñas

***

La versión adaptada sigue la edición de *Don Segundo Sombra,*
de Ricardo Güiraldes. Editorial Castalia, S. A. Colección Clásicos Castalia,
Edición de Ángela B. Dellepiane. Madrid, 1990.

Dirección y coordinación editorial:
Pilar Jiménez Gazapo
Adjunta dirección y coordinación editorial:
Ana Calle Fernández

Diseño de cubierta, maquetación:
Departamento de imagen EDELSA
Fotocomposición: Fotocomposición Crisol, S.L.
Fotografía portada: J. R. Brotons
Filmación: Alef de Bronce
Imprenta: Gráficas Movimar

© 1997, EDITORIAL EDELSA grupo Didascalia, S. A.

I.S.B.N.: 84-7711-172-3
I.S.B.N. (de la colección): 84-7711-103-0
Depósito legal: M-8924-1997
Impreso en España

Desde los primeros momentos del aprendizaje del español, el estudiante extranjero se siente atraído por los grandes nombres de la literatura en español, pero, evidentemente, no puede leer sus obras en versión original.

De ahí el objetivo de esta colección de adaptar grandes obras de la literatura en lengua española a los diferentes niveles del aprendizaje: elemental, intermedio, avanzado.

En todos los títulos hay:

- Una breve **presentación** de la vida y obra del autor.

- Una **adaptación** de la obra con las características siguientes:
> mantener los elementos importantes de la narración y la acción;
> - conservar todo lo más posible las palabras y construcciones del autor según el nivel (I, II, III) de la adaptación;
> - sustituir construcciones sintácticas y términos léxicos que sean difíciles o de poco uso en la actualidad.

- Una **selección** de partes significativas de la obra en su **versión original**. El lector, una vez leída la adaptación, puede seguir así los momentos principales del relato.

- La **lista de palabras** de la obra adaptada, agrupando en la misma entrada a las de la misma familia léxica. El lector puede elaborar así su propio diccionario.

- Una **guía de comprensión lectora** que ayuda a elaborar la **ficha resumen** de la lectura del libro.

Y en algunos títulos hay:

- Una casete audio que permite trabajar la comprensión oral.

- Una casete vídeo en versión original que complementa la lectura.

La colección de **Lecturas clásicas graduadas** pretende que el lector disfrute con ellas y que de ahí pase a la obra literaria íntegra y original.

Lecturas clásicas graduadas

G
ü
i
r
a
l
d
e
s

Vida

Escritor argentino nacido en Buenos Aires en 1886, en el seno de una familia rica y distinguida.

Su niñez y parte de su juventud las pasó en la estancia familiar llamada "La Porteña", en el pueblo de San Antonio de Areco. Esto le dio la oportunidad de convivir con los habitantes de la pampa, los *gauchos*, aprendiendo sus tareas campesinas, sus bailes y sus cantos, y oyendo sus narraciones llenas de supersticiones y mitos.

Inició estudios de arquitectura y derecho en Buenos Aires, pero no los terminó.

En 1910 se embarcó hacia París, donde se relacionó con los artistas vanguardistas más importantes. Allí nació su vocación de escritor.

En 1913 se casó con Adelina del Carril, una mujer también culta e intelectual, con la que hizo varios viajes a Europa.

En París escribió los diez primeros capítulos de *Don Segundo Sombra*, aunque esta obra no la terminaría hasta 1926, año en que se publicó con un gran éxito. Ganó incluso el Premio Nacional de Literatura.

Murió en París en 1927, y sus restos fueron recibidos en Buenos Aires por el presidente de la República, por los familiares de Güiraldes y por sus amigos. Fue enterrado en el pequeño cementerio de San Antonio de Areco, y el féretro lo condujeron centenares de paisanos a cuya cabeza marchaba don Segundo Ramírez, el ser real que, en la ficción, se había transformado en Don Segundo Sombra.

Obra

La obra de Ricardo Güiraldes va desde la poesía a la narrativa –cuentos, novelas– y notas reflexivas; también escribió poemas en prosa. Seis de sus obras las publicó en vida y tres más aparecieron tras su muerte.

Su obra en verso la componen:

– *El cencerro de cristal* (1915).
– *Poemas solitarios* (1928).
– *Poemas místicos* (1928).

G
ü
i
r
a
l
d
e
s

Y su obra en prosa:

- *Cuentos de muerte y de sangre* (1915).
- *Raucho* (1917).
- *Rosaura* (1922).
- *Xaimaca* (1923).
- *Don Segundo Sombra* (1926).

Mención aparte merecen unas pequeñas obras en prosa que son, en realidad, conjuntos de apuntes, notas o poemas:

- *El Sendero* (1932).
- *El libro bravo* (1936).
- *Pampa* (1954).

Don Segundo Sombra

Es la novela gauchesca más importante. Se le da este nombre por tener como personaje central al habitante de las pampas argentinas y uruguayas.

Su argumento es muy simple: un muchacho, de padre desconocido, desea dejar su aburrido pueblo y lanzarse a vivir de verdad, como un hombre, es decir, como gaucho. El destino lo une a Don Segundo Sombra, que lo inicia en el duro aprendizaje de vivir. Pero este mismo destino que los unió, después los separa, cuando un rico terrateniente al morir se revela como su padre y le deja su herencia. El pequeño gaucho tiene que afrontar sus nuevas responsabilidades y aceptar que Don Segundo se separe de él llevado por su necesidad de soledad y libertad.

Güiraldes ha querido reflejar la formación del verdadero hombre a manos del maestro Don Segundo Sombra, un gaucho experimentado en la vida. Por ello, la obra es, en definitiva, una exaltación del gaucho, al que considera el portador del verdadero mensaje para la vida futura del joven, y no alguien inculto o bárbaro, como hasta ese momento se le tenía.

O*bra*

A*daptada*

LECTURAS CLÁSICAS GRADUADAS

I

quel día, como otras veces, me senté bajo la sombra de la piedra, para pescar algunos peces. Luego el pulpero[1] de "La Blanqueada" me daría por ellos dulces, o dinero. No estaba de buen humor, por eso pescaba solo. No tenía ganas de reír ni de decir las mismas tonterías de siempre.

Pensaba en mi vida. Tenía catorce años y era "guacho"[2]. Así me llamaban por ahí. Vivía en casa de mis tías, mi prisión[3]. Hace muchos años mi madre me dejó en este pueblo para ir al colegio. Lloré mucho la primera semana. Pero después viví feliz con dos mujeres desconocidas para mí. Decían ser Tía Asunción y Tía Mercedes.

Fui al colegio y poco a poco aprendí a no llorar más. Sin embargo, mis tías se cansaron pronto de mí y todo el día me gritaban y me decían que estaba sucio y que no hacía nada bueno. Sólo me querían para llevarme a misa los domingos y para rezar por las noches.

Mi protector[4], Don Fabio Cáceres, vino a buscarme una vez y me llevó a su estancia[5], que era hermosa y rica. Allí me dio de comer y después subí en un coche de caballos para ir a ver sus animales. Dos o tres veces más vino Don Fabio a buscarme y así terminó el primer año.

[1] *pulpero:* dueño de la pulpería, o tienda donde se vende todo tipo de productos.
[2] *guacho:* en Argentina, huérfano, es decir, sin padres. Es como un insulto.
[3] *prisión:* cárcel. Lugar donde están sin libertad las personas que han hecho algo malo.

[4] *protector:* aquí, persona que paga el cuidado y la educación de un niño.
[5] *estancia:* aquí, granja, casa en el campo para guardar animales.

Durante los tres siguientes fui al colegio, pero un día mis tías dijeron que no era necesario seguir mi educación y ya no fui más. Me pasaba el día en la calle y en ese tiempo fui muy feliz, porque conocí gente muy buena y amable. Entraba sin miedo en cualquier lugar. Me gustaba ir al hotel para hablar con la gente importante, o a la peluquería, donde se oye todo lo que pasa. A las personas mayores les gustaba oírme hablar, porque les hacía reír con mis bromas[6].

[6] *broma:* dicho o hecho para hacer reír o reírse de alguien.

Todos decían que yo era muy simpático y querían estar conmigo. Además, en aquellos tiempos, Don Fabio vino a verme muchas veces para llevarme a la estancia o para hacerme algún regalo. Me dio ropa y dos caballos pequeños. Sin embargo, al poco mi protector dejó de venir y mis tías prestaron[7] uno de mis caballos al hijo de Festal.

[7] *prestar:* dar a alguien algo que luego ha de devolver.

Mi soledad[8] se hizo mayor, porque la gente ya no se divertía[9] tanto conmigo. Además a mí ya no me gustaba ir al hotel, a la peluquería o al bar.

[8] *soledad:* falta de compañía; pesar que se siente por ello.
[9] *divertirse:* pasarlo bien.

Volví a pensar en lo bonito que sería irse, pero era tarde y me olvidé de mis pensamientos. Tomé los peces y me fui hacia el pueblo, donde ya estaban encendidas las primeras luces de la noche.

II

[10] *cementerio:* lugar donde se entierran los muertos.
[11] *jinete:* persona que va sobre un caballo.
[12] *poncho:* prenda de vestir en forma de manta que tiene en el centro un agujero para meter la cabeza, y que cuelga de los hombros.

Iba hacia el pueblo sin prisa, moviendo un poco la bolsa de los peces. Pasé al lado del cementerio[10] y tuve miedo. Los muertos me daban más miedo que los ladrones. Llegué al pueblo y allí me tranquilicé. Pero al cruzar una calle asusté sin darme cuenta a un caballo y me quedé quieto. El jinete[11] me pareció un hombre muy grande bajo su poncho[12] claro. Oí una voz decirle al caballo:

[13] *pingo:* en Argentina, caballo.

-Vamos, pingo[13]... Vamos, vamos, pingo...

[14] *fantasma:* algo o alguien no real.
[15] *atraer:* sentir interés por algo o alguien.

Seguí quieto y miré alejarse aquel jinete y su caballo. Creí haber visto un fantasma[14], una sombra, algo que me atraía[15] con mucha fuerza. En ese momento tuve otra vez deseos de irme del pueblo para siempre. Pensaba en una vida nueva llena de movimiento y espacio.

[16] *patrón:* aquí, dueño, señor.
[17] *caña:* licor que se saca de la caña de azúcar.

Crucé el pueblo y entré en "La Blanqueada". Allí estaban el patrón[16], como siempre, y Burgos bebiendo una caña[17].

-Ahí tiene, Don Pedro -dije enseñando mis peces. Y el pulpero me dio unas monedas.

-¿Hay algo nuevo en el pueblo? -me preguntó Don Pedro.

-Sí, señor... ha venido una persona de fuera.

-¿Y no sabes quién es?

-Sé que no es de aquí... no hay ningún hombre tan grande en el pueblo.

Don Pedro pareció recordar.

-Dime... ¿es muy moreno?

[18] *juerte:* fuerte. A lo largo de la novela aparecen palabras en cursiva. Son términos que el autor escribe tal y como se decían en el habla popular de los gauchos o campesinos.

[19] *emoción:* estado de ánimo intenso.

[20] *gaucho:* campesino que, en los siglos XVIII y XIX vivía en las llanuras de Argentina. Era buen jinete y buen ganadero, es decir, cuidador de animales.

-Eso me pareció..., sí, señor... y muy *juertc*[18].

-A lo mejor es Don Segundo Sombra -dijo el pulpero.

-Él es -dije, sin saber por qué. Sentí la misma emoción[19] que al ver a aquel gaucho[20].

-¿Lo conoces tú? -preguntó Don Pedro a Burgos.

-He oído hablar de él.

-Yo lo he visto más de una vez -siguió Don Pedro-. Venía por aquí a beber. Dicen que tuvo algún problema con la policía.

En ese momento oímos el ruido de un caballo delante de la pulpería y luego vimos a Don Segundo Sombra en la puerta. Los hombres se saludaron. Yo miré a Don Segundo Sombra. No era muy alto, pero sí fuerte. Su cuerpo era grande, los pies cortos y las manos gordas. Tenía cara de indio[21] y sus ojos eran pequeños. Iba vestido de gaucho pobre. Se le veía un cuchillo bajo la ropa y llevaba un pañuelo[22] negro atado al cuello.

Después de mirarlo bien, empecé a escuchar lo que hablaban. Don Segundo buscaba trabajo.

-En la estancia de Galván hay unas yeguas[23] *pa*[24] domar[25] -decía el pulpero-. Hace unos días estuvo aquí Valerio. Buscaba algún hombre del oficio[26]. ¿Quiere usted ir?

-Creo que sí.

-Muy bien. ¿Quiere usted beber algo antes?

-*Güeno*[27] -dijo Don Segundo, sentándose a una mesa.

Nos quedamos todos en silencio. Burgos se bebía una cuarta caña. De pronto me dijo:

-Si yo *juera*[28] pescador como tú me gustaría sacar un pez blanco muy grande. Los negros son malos.

Entonces rió mientras miraba a Don Segundo. Éste levantó la cara y dijo tranquilo:

-Mire, amigo... creo que quiere enfadarme.

-Ah, yo creía que hablaba con sordos[29].

-No soy sordo, pero sí soy un hombre muy *ocupao*[30]. Cuando quiera pelear[31] dígamelo tres días antes.

Burgos pagó sus cañas y se fue. Luego Don Segundo se despidió de Don Pedro y se quedó un momento parado en la puerta, mirando hacia todos los lados. Caminó hacia su caballo despacio y de repente Burgos salió y quiso darle con un cuchillo. Don Segundo quitó su cuerpo y el cuchillo dio contra la pared y se rompió.

Don Segundo tomó el cuchillo roto y dijo con tranquilidad:

-Tenga, amigo, y arréglelo para matar animales.

El borracho[32] se acercó y le dijo:

-Oiga, yo arreglaré este cuchillo *pa* cuando usted me necesite. *Aura*[33] déme la mano.

-¡Cómo no![34] -dijo Don Segundo-. Ahí tiene, amigo.

Y se fue. Yo le seguí caminando a grandes pasos.

-¿Conoces a ese hombre? -me preguntó.

-Sí, señor. Lo conozco mucho.

-Parece un poco tonto, ¿no?

III

Al entrar en casa, mis tías se enfadaron conmigo por llegar tarde. Las miré sin hablarles y me fui a mi habitación a pensar en mi vida y en lo ocurrido esa tarde. Deseé vivir al lado de Don Segundo, pero no sabía cómo hacerlo. De pronto recordé que él iría a la estancia de Galván. Así que yo llegaría antes.

-Me voy, me voy -decía casi en voz alta.

Sentado en la cama, a oscuras, esperé el momento para irme. Saqué unas botas viejas de debajo de la cama, las riendas[35] y un poco de ropa. Fui a buscar mi caballo, me subí en él y salí a la calle.

El pueblo dormía todavía. Un gallo[36] cantó. Poco a poco se hacía de día. El hijo de Festal guardaba mi otro caballo en la cochera[37] de Torres. Me lo dieron y salí del pueblo. Estaba muy contento y me reí, me reí de libertad[38] y mis ojos se llenaron de lágrimas.

[35] *riendas:* cuerdas para poner en el caballo y conducirlo.

[36] *gallo:* aquí, ave de corral.
[37] *cochera:* lugar donde se guardan los caballos que tiran de los coches.
[38] *libertad:* facultad de hacer o no hacer lo que se quiera.

Llegué a la estancia de Galván. No parecía haber nadie, pero salió un viejo a la puerta de la cocina y me dijo que entrara.

Toda la mañana me quedé sentado en un rincón[39] mirando lo que hacía el viejo. No hablamos.

A mediodía llegaron varios trabajadores para comer. La gente saludaba al pasar y algunos me miraban. Entró Goyo López; yo lo conocía del pueblo.

-¿Estás paseando[40]? -me preguntó.

-Vengo a buscar trabajo.

-¿Trabajo?

-¿Y por qué no?

-*Güeno.* Mira, allí viene el patrón.

Cuando llegó le dije lo que quería y él me miró con una sonrisa.

-Muy bien, empezarás después de comer.

Sentí una gran alegría al sentarme a la mesa junto a los demás hombres. Después me pasé toda la tarde trabajando duro y por la noche estaba muy cansado. Me pusieron una cama sin colchón en la habitación de Goyo, pero me dormí en seguida.

IV

A la mañana siguiente me costó levantarme de la cama. Sentía las piernas blandas como el queso. Me fui hacia la cocina. Tenía frío y estaba muy cansado. Me uní a los demás hombres y me tomé tres mates[41]. Eso me despertó un poco más.

[41] *mate:* bebida caliente que se hace con las hojas de un árbol del mismo nombre.

-Vamos -dijo alguien, y nos fuimos cada uno hacia lugares diferentes.

Hice mi trabajo muy contento, porque me sentía como los hombres mayores. A las ocho nos llamaron para desayunar. Mientras comía miraba a mis compañeros y vi que el domador, Valerio Lares, era un hombre fuerte, callado y alegre; deseaba ser amigo suyo, pero no quería molestarle.

Al final del desayuno el cocinero me pidió ayuda, así que me pasé la mañana en la cocina. Hacia el mediodía oímos ruidos fuera y la voz de Valerio saludando a alguien. Me asomé y vi al mismo Don Segundo Sombra.

-¿Paseando? -preguntaba Valerio.

-No, señor. Me dijeron que aquí había unas yeguas *pa* domar.

-¿Quiere entrar en la cocina?

-*Güeno.*

Don Segundo Sombra dio los buenos días pero pareció no reconocerme. Valerio me dijo muy serio:

-A ver, muchacho, trae un mate a Don Segundo.

Me acerqué a ellos mientras el agua se calentaba. Un rato largo nos quedamos en silencio y después hablaban muy lentamente.

-¿Son muchas las yeguas?

[42] *no más:* expresión del español de Argentina. Significa solamente.

-No, señor. Son ocho no más[42].

En ese momento llamaron para la comida. Don Segundo tomaba su mate. Fueron llegando los hombres cansados por el calor, pero contentos: habían acabado por un tiempo con el trabajo. Todos conocían a Don Segundo, por eso durante un rato sólo se oyeron saludos y "*güenos* días". Al entrar el patrón, Don Segundo se acercó a él diciéndole a qué había venido. Salieron a hablar y la cocina se quedó en silencio. Después Don Segundo comió con nosotros, porque empezaba la doma esa misma tarde.

[43] *echar la siesta:* dormir después de la comida.

[44] *manso:* tranquilo, que no es salvaje.

Después de la siesta[43] fui a ver la doma. Las dos primeras yeguas salieron mansas[44]. La cuarta quiso tirar al suelo a Don Segundo, pero la domaron sus manos fuertes. La quinta fue diferente, hizo movimientos muy fuertes, gritaba y daba grandes patadas contra el suelo. Don Segundo estaba bien agarrado, pero su cara decía la fuerza que estaba haciendo. Al final la yegua se quedó quieta. Don Segundo se bajó de un salto y respiró profundamente para tomar aire.

El patrón me pidió unos mates. Después me preguntó de dónde era, si tenía familia, y si hacía mucho que salía a trabajar. Contesté más o menos la verdad, porque tenía miedo de volver al pueblo.

Después de la comida todo el mundo estaba muy contento. Al día siguiente era domingo y algunos se iban al pueblo. Pero la mayoría se quedaba allí sin hacer nada o jugando a bochas[45].

[45] *bochas:* petanca, es decir, juego que consiste en tirar unas bolas para acercarlas a otra más pequeña.

Medio dormido, me puse en un rincón, cerca de Don Segundo, Valerio y Goyo. Quería escuchar sus palabras para aprender el oficio. Había puesto un pie encima del otro y me movía en mi silla muy a gusto. Mis tías no me dejaban hacer eso, pero ahora estaban muy lejos. De pronto, la silla cayó hacia atrás y las maderas rotas me hicieron mucho daño en la espalda.

V

V. O. nº 2 en pág. 73

[46] *mandar:* aquí, decir a alguien lo que tiene que hacer.
[47] *arreo:* acción de llevar los animales de un lugar a otro.
[48] *tropa:* aquí, grupo de animales que se lleva en el arreo.

Dos semanas más tarde mis tías supieron dónde estaba y posiblemente me mandarían[46] volver para casa. Pero yo era ya un hombre libre que trabajaba para comer. Además, en la estancia me dijeron que iba a haber arreo[47]. Aquello me ayudaba en mi problema: me iría con la tropa[48] y así no me encontrarían. Por la tarde Goyo me dijo que la tropa sería de quinientos animales y saldría al cabo de dos días hacia otro campo de Don Leandro, el patrón.

[49] *resero:* persona que lleva los animales en el arreo.

-¿Y quiénes son los reseros[49]?

[50] *capataz:* jefe de un grupo de trabajadores.
[51] *peones:* aquí, trabajadores acompañantes.

-El capataz[50] será Valerio y los peones[51], Horacio, Don Segundo, Pedro Barrales y yo.

Fui a preguntarle a Valerio si me quería llevar.

-Mira que el oficio es duro -dijo Valerio.

-No importa -contesté seguro de mí mismo.

Después me quedé solo para pensar. ¿Sería de verdad un duro trabajo? ¿Qué tal dormiría en el campo una noche de lluvia? Sería una nueva vida para mí y nada de lo aprendido en el colegio me serviría. Pero estos pensamientos no me hacían echarme atrás. Yo quería huir de la vida tranquila para hacerme más hombre.

-¿Qué estás hablando solo? -me gritó Horacio, que pasaba cerca.

-¿Sabes, hermano?

-¿Qué?

-¡Que me voy con el arreo!

-¡Qué alegría! -dijo Horacio.

[52] *potrillo (o potro)*: caballo joven.

-¿Dónde me puedo comprar un potrillo[52]? -le pregunté.

-Aquí cerca, en la estancia de Cuevas.

Fui por la tarde. Mientras andaba oí un ruido de pasos; un poco más lejos reía una muchacha india y su mano me decía adiós. Llevaba un pañuelo rojo en la cabeza y un vestido claro.

[53] *peso:* moneda de Argentina.

Al llegar a la estancia un señor me enseñó un potrillo que valía veinte pesos[53]. Miré el animal y le dije que al día siguiente iba a venir a buscarlo con el dinero. Me despedí y me fui. Por el camino, vi a la misma muchacha de antes. Caminaba delante de mí a unos veinte metros.

Sin saber para qué, me puse a correr tras ella. Oyó mis pasos, se dio la vuelta de pronto y al reconocerme rió con su bonita boca.

-¿Cómo te llamas? -le pregunté.

-Me llamo Aurora -respondió alegremente.

[54] *maliciosa:* aquí, pícara, revoltosa.
[55] *provocación:* acción de provocar, es decir, llevar a alguien a hacer algo.

Su sonrisa se hizo más maliciosa[54] y llena de provocación[55]. Llevé hasta ella mi mano. Aurora dio unos pasos hacia atrás. Entonces la tomé entre mis brazos a pesar de su fuerza.

-¡Déjame o grito!

[56] *arrastrar:* llevar a una persona o cosa por el suelo, tirando de ella.

La arrastré[56] hacia un lugar más lejos, pero no se dejaba y nos caímos al suelo. Aurora se reía. Sólo un momento calló; abrió la boca como sintiendo dolor. Luego volvió a reír. Contento, dije:

-¿Me quieres?

Aurora se puso de pie enfadada.

-Tonto, simplemente eres más fuerte.

Y la dejé irse.

VI

A las tres de la mañana me desperté nervioso. Al salir el sol nos iríamos. Llevaríamos nuestra tropa camino de lo desconocido. El patrón me había dado los veinticinco pesos de mi sueldo[57] del mes; con ellos pude pagar el potrillo. ¿Qué más quería? Tres caballos, con todo lo necesario para montarlos y ropa suficiente.

[57] *sueldo:* dinero que se da a alguien por su trabajo.

Salí afuera y respiré. Me gustaba aquel silencio. Me sentí más fuerte y más grande. Pasé a la cocina y allí estaban ya Goyo, Pedro Barrales y Don Segundo. Después llegaron Horacio y Valerio y tomamos el mate. Me parecían diferentes; ahora eran hombres de pampa[58]. Tenían alma de reseros.

[58] *pampa:* en América del Sur, campo llano y extenso sin árboles.

Después de un rato salimos todos. La noche ya se marchaba. Empezaba mi trabajo. Pero de pronto me sentí triste. ¿Por qué? Hoy, en la cocina, no había oído ninguna risa. ¿Sería porque dejaban a sus mujeres y a sus hijos? Entonces pensé en Aurora. ¿Qué haría ahora? ¿Estaría triste? Al día siguiente de mi primer encuentro con ella, había ido a pagar el caballo y llevármelo. Al volver la encontré en el mismo lugar e hicimos otra vez nuestros juegos. Pobre Aurora, aquella mañana fue la última vez que nos vimos.

Cruzamos el río y sobre la tierra, de pronto, salió un sol muy grande. Sentí que era un hombre feliz, un buen gaucho. Tenía incluso una mujer que lloraba mi marcha.

VII

[59] *boliche:* en Argentina y Uruguay, pequeño bar de comidas y bebidas.

A las ocho llegamos a un boliche[59], y nos paramos para comer algo. Hacía ya calor y teníamos mucha hambre. Llevábamos cinco horas y sólo habíamos tomado unos mates. Horacio y Goyo prepararon la carne. Los demás entraron, saludaron al pulpero y pidieron unas bebidas.

-¿Qué vas a tomar? -me preguntó Don Segundo.

-Una caña.

-Te va a hacer daño.

-No creo, señor.

En silencio bebimos nuestras copas. Un poco más tarde comimos y yo me tomé otra caña.

Alegremente nos preparamos para seguir el viaje. Don Segundo y Valerio cambiaron de caballo. Yo me monté por primera vez en mi potrillo; estaba contento gracias a las dos cañas. Al darle la voz de

60 *dar la voz de mando:* aquí, decirle al caballo que corra.

mando[60], el caballo no se movió.

-¿*Pa* cuándo? -preguntó alguien riendo.

Me dio vergüenza, pero le di un golpe al potrillo y éste empezó a dar saltos. Pensé que los huesos se me iban a romper. Al final me caí.

-¿Te has hecho daño? -me preguntó Valerio.

-Nada, hermano, no me he hecho nada -respondí poniéndome de pie.

A unos treinta metros, Don Segundo había parado al potrillo.

-Me parece -dijo- que si éste no se tranquiliza, lo vamos a llevar otra vez *pa* la jaula[61] de las tías.

61 *jaula:* caja hecha con palos de madera o barras de metal para meter animales. Aquí, en sentido figurado, la casa de las tías.

VIII

La tropa marchaba bien. Animales y gente se movían con un solo pensamiento: caminar, caminar, caminar. A veces uno de los animales pequeños se quedaba atrás para comer hierba, y le dábamos un grito.

Teníamos un fuerte sol a nuestras espaldas. A las once me dolía todo el cuerpo y tenía los pies dormidos. Los animales iban más despacio. A las doce casi no había aire y todos estábamos muy cansados.

Al fin llegamos a una estancia y nos pusimos bajo la sombra de los árboles. Yo sólo tenía ganas de comer y dormir un poco. A las cuatro estábamos otra vez en camino, pronto se haría de noche y la marcha sería más fácil.

Cenamos en campo abierto⁶². Todo era silencio, menos el ruido de los animales. Después seguimos nuestro viaje y yo casi me dormía sobre mi caballo. No se veía ningún pueblo. De pronto me di cuenta de que habíamos llegado. Cerca ya, vimos unas casas y nos quedamos a la entrada de un pueblo. Le quité la silla a mi caballo y me dejé caer muy cansado.

-¡Hazte duro, muchacho!

Creí oír la voz de Don Segundo.

IX

Goyo me despertó tirándome de los pies. Me quise levantar, pero no pude, me dolía todo el cuerpo.

-¿No te puedes levantar?

-Me cuesta mucho -contesté poniéndome de pie.

-¿Estás enfermo?

-En seguida se me pasa.

Me fui hacia donde estaba Don Segundo. Me preguntó si iba a volver a ensillar[63] mi potrillo.

[63] ensillar: poner la silla de montar a un caballo.

-Claro -le dije.

-Yo te ayudaré, *pa* que la gente no se ría de ti. Aquí *naides*[64] nos verá y harás lo que yo te mande.

[64] naides: nadie.

-Cómo no, Don Segundo.

Fue a buscar el potrillo. Le puso la silla y las riendas encima y me dijo:

-El hombre no debe ser tonto. Súbete y agárrate bien, sin miedo, que yo iré junto a ti. ¿Me has entendido?

-Sí.

-*Güeno.*

Me monté despacio sobre el potrillo y Don Segundo sobre su caballo. Mi potrillo levantó la cabeza y echó a correr. Dimos una gran vuelta por el campo. Poco a poco me sentía más seguro. El caballo dio dos o tres saltos, pero no me caí.

-Ya está manso -dije.

Don Segundo marchaba muy cerca de mí sobre su caballo y fuimos hasta el lugar donde estaban los demás reseros desayunando.

[65] *aplauso:* acción de aplaudir, es decir, hacer ruido uniendo las palmas de las manos.

Nos recibieron con gritos y aplausos[65].

Al bajar vi que tenía sangre en las manos y me tapé la herida con un pañuelo.

-Ven aquí -dijo Goyo- y bebe un poco. Te lo has ganado.

Media hora después, volvimos a nuestros trabajos de reseros, pero yo estaba más contento que nunca.

Mientras tanto, se cubrió el cielo y pronto empezó a caer agua. Yo me puse bien el poncho y me preparé para la lluvia.

A los animales no les gustaba mojarse y querían salir corriendo hacia otros lados. Así que tuve que meterme entre la tropa, como los demás, y dar golpes y gritos. A la media hora tenía mojado todo el cuerpo y las botas llenas de agua. Hacía mucho frío. Las ropas se me pegaban al cuerpo. Dos horas más tarde la lluvia paró. El sol calentó en seguida nuestras ropas y me sentí nuevo.

X

Llevé a mi caballo Comadreja al río. Se acercó al agua y bebió despacio. Era un buen pingo; lo miré contento, porque yo era su dueño y su domador. Después levantó la cabeza y comió un poco de hierba. Yo empecé a recordar.

Hacía ya cinco años que me había ido del pueblo y pensaba ahora en mi nueva vida. Me alegraba de aquel día en que me fui de la casa de mis tías. Gracias a Don Segundo Sombra era ahora un gaucho, él me lo enseñó todo: el oficio de resero y de domador, pero también la fuerza para vivir y el amor por los amigos.

Ese hombre tenía amigos en todos lados, pero él no se quedaba mucho tiempo en un sitio. Don Segundo amaba sobre todo su libertad. Un día supe, además, que era un buen contador de cuentos. Sus relatos eran muy bonitos.

De pronto, Comadreja hizo un movimiento y me desperté de mis recuerdos. Me levanté, me subí sobre el caballo y volví a la estancia. Hacía unos días que habíamos llegado para hacer unos trabajos. Aquel día era Navidad y el patrón daba una fiesta para peones. Pasaríamos una noche divertida; además yo había conocido a una muchacha muy bonita.

Me encontré de pronto con otro jinete y vi que era Pedro Barrales, mi bueno y viejo compañero del primer arreo. Se vino conmigo y le conté cómo había sido mi vida desde la última vez que nos vimos.

Estuvimos juntos durante la fiesta, comiendo en la cocina con otros treinta hombres. Después oímos risas de mujeres y salimos para ver lo que pasaba en el salón. En las sillas junto a la pared había mujeres de todas las edades, algunas con niños. Entonces fuimos a lavarnos un poco, porque ya se escuchaba la música y no queríamos perder el baile.

XI

Al entrar nos pusimos al lado de la puerta y desde allí miré a las muchachas. De pronto vi a mi chica, vestida con un pañuelo azul al cuello. Pensé que se había puesto guapa sólo para mí.

Empezó la fiesta. Los jóvenes, los viejos, los niños, bailaban muy serios, aunque estaban contentos.

A medianoche trajeron bebidas para las señoras. También había licores y dulces. Y las que querían comer algún plato de carne, salían afuera. Los hombres, por su lado, tomaban cañas.

Saqué cuatro veces a mi chica. Ella era la más guapa de la fiesta. La invité a tomar una bebida y luego la llevé hasta un lugar apartado de la gente. Allí le tomé la mano y quise abrazarla. Luchamos un momento y me miró enfadada. Volvimos a la fiesta y ya no quiso bailar más conmigo.

Me fui a buscar a Pedro y me puse a su lado. Al verme tan serio me dijo en broma:

-¿La muchacha te ha dicho que no, hermano? ¡Pobrecito!

Entonces me fui a dormir unas horas, porque ya se hacía de día.

XII

Era nuestra última noche en la estancia. Estábamos tomando unos mates.

-O nos vamos a dormir -dijo Pedro- o Don Segundo nos cuenta un cuento.

-No sé ningún cuento -empezó Don Segundo-, pero sé algunas historias que han pasado de verdad.

-¡Cuente, pues! -dijo alguno.

[66] *Paraná:* río que está entre Argentina y Brasil.

-Dicen que a orillas del Paraná[66] trabajaba un hombre llamado Dolores. No era grande ni fuerte, pero sí muy valiente. Además le gustaban mucho las mujeres. Por eso, cada tarde, después de trabajar, iba a ver a las muchachas bañarse en el río.

[67] *flamenco:* ave de patas muy largas y el pico en forma de curva. Sus plumas son rosas y las alas rojas y negras.
[68] *guaraní:* idioma del pueblo guaraní. Actualmente quedan algunos hablantes en Paraguay y en una pequeña zona de Argentina, en la frontera con aquel país.

Un día, camino de su casa, vio pasar a una jovencita muy guapa y la siguió. Al llegar al río, la muchacha se metió en el agua y él se subió a un árbol para mirarla. De pronto, el hombre vio un flamenco[67] grande y rojo. Este flamenco se puso delante de la muchacha y dijo unas palabras en guaraní[68]. Entonces ella se volvió muy pequeña. Dolores bajó corriendo para ayudarla, pero el flamenco salió volando con la muchacha entre las patas.

Dolores se asustó mucho y se puso a correr. Como era de noche no sabía hacia dónde iba, así que de pronto se encontró en una casa junto a una vieja.

[69] *ande:* dónde.

-¿*Ande*[69] estoy? -gritó Dolores.

-En casa de gente *güena* -contestó la vieja-. Siéntate y descansa. ¿Por qué corres?

Dolores le dijo lo que había pasado junto al río y la vieja le contó la historia de ese flamenco:

Hace muchos años, dicen que una mala mujer tuvo un hijo con el Diablo. Como era muy feo, su madre le dijo cómo tener a todas las mujeres que quisiera.

-Cuando desees alguna mujer -le dijo la madre-, te quitas siete pelos de la cabeza, los tiras al aire y llamas a tu padre diciendo estas palabras (y se las dijo). Entonces te volverás flamenco. Después te pondrás delante de la mujer para decirle estas otras palabras (y también se las dijo). En seguida verás que la mujer se hace muy pequeña y así podrás traerla a esta isla. Siete días más tarde volverás a tu forma normal.

Cuando Dolores oyó aquel cuento se puso a llorar. Pero la vieja le dijo que lo ayudaría. Le tomó de la mano y se lo llevó a una habitación. Allí le enseñó un arco[70] y varias flechas.

[70] *arco:* aquí, arma para lanzar flechas, es decir, palo de madera acabado en una punta de metal.

-Llévate estas cosas -le dijo- y esta misma noche te vas al río sin que nadie te vea. Allí encontrarás un barco pequeño. Súbete y ponte en medio del río. La fuerza del agua te llevará a las islas del encanto[71]. Allí tienes que matar un caburé[72] con el arco y las flechas. Le quitas el corazón y lo metes en este bote de agua; y también le quitas tres plumas[73] y te las

[71] *encanto:* aquí, poder mágico.

[72] *caburé:* pájaro muy pequeño que tiene un fuerte grito. Se cree que sus plumas tienen poderes mágicos.

[73] *pluma:* aquí, cada una de las piezas que cubren el cuerpo de un ave.

pones en el cuello. En seguida sabrás las cosas que tienes que hacer, gracias al corazón del caburé.

Dolores dio las gracias a la vieja, tomó el arco, las flechas y el bote de agua y corrió hacia el Paraná.

Llegó hasta la orilla, vio el barco y se subió en él. Después la fuerza del agua le dio varias vueltas y lo llevó muy deprisa río abajo. Al llegar a la tierra del encanto era ya de noche y se subió a un árbol para dormir.

[74] *palacio:* casa grande y muy rica.

Al día siguiente lo despertó el ruido de los pájaros. Se limpió los ojos y vio a lo lejos un palacio[74] muy grande. El hombre tomó sus cosas y se fue hacia allí abriéndose camino entre los árboles. Al llegar al jardín de aquel palacio comió algunas frutas y empezó a buscar un caburé.

El pobre Dolores estuvo varios días buscando al pájaro. Muchas veces pensó en volver, pero recordaba a su muchacha del río y el amor le hacía seguir.

Al sexto día, por fin vio un caburé en un árbol. Agarró bien el arco y le tiró una flecha. El pájaro cayó para atrás y corrió a buscarlo entre la hierba, pero no lo encontró. Un poco más tarde vio otro caburé. Volvió a tirar, pero la flecha se fue hacia arriba. Tiró mal otras tres veces y ya sólo le quedaba una flecha. Así que le puso agua del bote y se la tiró pidiendo ayuda a Dios. Esta vez el pájaro cayó muerto. Dolores le quitó tres plumas y se las puso en el cuello. También le sacó el corazón y lo metió en el agua.

En seguida supo lo que tenía que hacer y se fue hacia el palacio. Pero antes de llegar pasó la noche durmiendo bajo un árbol.

Al otro día, comió unas pocas frutas de aquel árbol y caminó hasta una fuente que había cerca del palacio.

-Dentro de un rato -dijo- vendrá el flamenco. Ya han pasado siete días. Aquí se volverá a la forma de hombre y yo haré lo que tengo que hacer.

De pronto oyó el ruido de un pájaro volando y vio llegar al flamenco. Éste se quedó junto a la fuente sobre una sola pata, mirando hacia el sol. De repente se cayó al agua. Al levantarse salió en la forma de un enano[75].

[75] *enano:* hombre muy bajo.

Dolores agarró su cuchillo e hizo lo que tenía que hacer para que no siguiera haciendo mal a las mujeres. El enano se fue gritando con las verijas[76] de color rojo.

[76] *verijas:* órganos sexuales externos del hombre.

Dolores miró hacia el palacio, pero éste ya no estaba y venía corriendo un grupo de muchachas muy pequeñas. Entre ellas estaba su chica del Paraná. Tomó las plumas que llevaba colgadas al cuello, las mojó en el bote de agua y dibujó una cruz en la frente de la muchacha. Ésta volvió a su altura normal, abrazó a Dolores y le preguntó:

-¿Cómo te llamas, novio[77] mío?

-Dolores, ¿y vos[78]?

-Consuelo.

Después se acordaron de las demás mujeres y Dolores hizo lo mismo con ellas. Luego se fueron todos y cruzaron el río. Dolores y Consuelo se quedaron en una de las islas y fueron muy felices.

XIII

Después de dos días de marcha, llegamos a Navarro[79] un domingo por la mañana. Pasamos por la plaza frente a la iglesia pequeña y entramos en un bar.

Había mucha gente porque era día de fiesta. Un antiguo amigo de Don Segundo vino a saludarlo con gran alegría. Le habló de una riña de gallos[80], y fuimos después de comer.

[77] *novio:* persona que tiene con otra una relación amorosa, a menudo para después casarse.

[78] *vos:* en Argentina y en otros países de Hispanoamérica, "tú".

[79] *Navarro:* pueblo en el centro de la provincia de Buenos Aires.

[80] *riña de gallos:* afición muy popular entre los gauchos. Consiste en preparar gallos para que se peleen entre sí y luego apostar dinero a favor de uno u otro.

V. O. nº 5 en págs. 74-75

Había bastante gente, pero nos pusimos cómodos muy cerca. Llegaron los dueños con sus gallos y comenzó la pelea. En seguida los animales se acercaron y empezaron a darse golpes. Sus cabezas subían y bajaban, peleando a muerte. Casi todos apostaban[81] por el amarillo.

Yo aposté por el gris y algunos me miraron como se mira a un tonto. Para ellos el amarillo iba a ser el ganador.

Los gallos estaban muy cansados, llevaban ya cuarenta minutos de pelea. Entonces el gris empezó a pegar más fuerte y el amarillo sólo daba vueltas de derecha a izquierda. Había perdido un ojo.

-¡Ya no ve! -dijo alguien.

Era verdad, el animal herido daba golpes contra el suelo de espaldas al otro gallo. Y el gris sólo esperaba para darle el golpe final.

-¡Cincuenta pesos a mi gallo amarillo! -gritó el dueño.

-¡De acuerdo! -respondí.

En ese momento el gallo gris le dio con la pata en la cabeza al otro, y éste se cayó al suelo casi muerto.

La riña había acabado. Varios hombres vinieron a pagarme. Tomé el dinero y me lo guardé. Don Segundo me agarró del brazo y fui con él a la calle.

Subimos a los caballos y nos fuimos hacia una estancia donde Don Segundo había estado otras veces. Saqué el dinero y lo conté con cuidado. Don Segundo se reía.

-¿Sabe cuánto tengo? -le pregunté.

-Vos dirás.

-Ciento noventa y cinco pesos.

-Ya tienes para comprarte una estancia pequeña.

-Para unos caballos, sí.

v. O. nº 5 en págs. 74-75

XIV

Preparé mi caballo muy contento. Me sentía un hombre rico.

A las once nos fuimos de la estancia hacia una feria[82] que había cerca del pueblo. Pero primero nos paramos un momento en una pulpería para com-

[82] *feria:* mercado al aire libre donde se compran y venden animales y cosas.

prar. De pronto entró un policía y dijo con una fuerte voz:

[83] *preso:* persona que va a ir a la cárcel.

-¡Dése preso[83], amigo!

-¿Es a mí, señor? -dijo Don Segundo.

[84] *usté:* usted.

-Sí, a *usté*[84].

-*Güeno* -respondió- espérese un momento que termine de comprar.

[85] *por las güenas:* por las buenas, es decir, por su propia voluntad.

-Venga por las *güenas*[85] o lo sacaré por la *juerza* -le dijo otra vez el policía.

Don Segundo tomó despacio sus cosas, salió y montó en su caballo.

[86] *comisario:* jefe de policía.

En un gran salón estaba sentado el comisario[86], gordo y con bigote.

-Aquí están, señor -dijo el policía.

-Aquí estamos, señor -repitió Don Segundo-, porque este policía nos ha traído.

-Ustedes no son del pueblo ¿verdad? -preguntó el comisario.

-No, señor.

-¿Y en su pueblo se pasa a caballo por delante de la comisaría[87]?

[87] *comisaría:* oficina de la policía.

[88] *bandera:* trozo de tela rectangular que se pone en un palo y que representa a un país.

-No, señor...; pero no vi la bandera[88]...

-¿*Ande* está la bandera? -preguntó el comisario al policía.

-Señor, la hemos prestado para la fiesta del sábado.

El comisario nos miró:

-¿En qué trabajan ustedes?

-Somos reseros.

-Muy bien. *Pa* otra vez ya saben *ande* está la comisaría y si se olvidan, yo se lo recordaré.

-De acuerdo.

Afuera, ya solos, Don Segundo se puso a reír.

Después nos fuimos hacia la feria. Allí un amigo de Don Segundo nos habló de hacer un arreo de seiscientos animales para llevarlos a un campo grande cerca del mar. Entonces me compré un caballo por cincuenta pesos pensando en ese trabajo.

Nos dieron la tropa y nos fuimos con los demás peones por la noche. Aquel arreo duró un mes.

XV

[89] *cangrejal:* tierra mojada y blanda por la que es muy difícil y peligroso pasar. Está llena de cangrejos (animales marinos pequeños y de concha dura) que pueden comerse a los animales o a las personas que queden atrapados en la tierra.

Llegamos a una estancia en una tierra muy seca. A un lado se veía el mar, pero era difícil llegar a él porque había unos cangrejales[89].

Entramos en la cocina para encender el fuego. Media hora después salí afuera para ver dónde dormían mis caballos. Me gustaba más estar en el campo. Mi yegua Garúa empezó a caminar hacia el mar y yo la seguí montado en otro caballo. También Comadreja vino detrás.

-Un cangrejal -dije en voz alta.

De pronto voló algún pájaro. Garúa y Comadreja se asustaron y corrieron hacia nosotros. Pero Garúa se quedó metida dentro de la tierra del cangrejal; no se le veían las patas. "Se va a morir la yegua", pensé. Pero Garúa siguió moviéndose hacia adelante hasta que salió a la tierra dura. Era una gran yegua.

Comadreja se había parado al ver a Garúa en el cangrejal. Casi se mete en él, pero caminó hacia atrás y pudo salir.

Volvimos a la estancia en seguida y me sentí más seguro. Conté lo que me había pasado y Don Segundo me dijo:

[90] *golver:* volver.   -El hombre que sale solo debe *golver*[90] solo.

-Y aquí estoy -contesté.

Por la noche, después de comer, no tenía sueño y me quedé un rato en la cocina tomando mate y pensando.

La mañana siguiente era muy bonita. Fui a por mis caballos y marchamos hacia una estancia cercana. Allí debíamos ir a buscar algunos animales que habían huido.

XVI

Por la tarde nos encontramos con otra gente que también venía para el mismo trabajo que nosotros.

Al llegar a la estancia éramos unos veinte hombres. Pero al día siguiente vendrían unos diez más. Todos eran de sitios lejanos.

Antes de dormir no hubo ni muchas bromas, ni gran alegría, ni guitarra. A la gente de esos sitios parecía no importarle nada.

Nos levantamos antes de salir el sol. Todos fueron saliendo en direcciones distintas. A mí me dieron por compañeros dos muchachos de unos veinte años. Uno alto, con cara de indio; el otro rubio y delgado. Marchábamos en silencio.

Les pregunté por los cangrejales y uno de ellos me dijo que allí no había. Nuestro trabajo era ir hasta el mar y llevar los animales hacia el lado del campo.

[91] *hundirse:* meterse dentro.

Entramos en una lugar de tierra blanda. Allí las patas de nuestros caballos se hundían[91] en el suelo blando. Vimos unas vacas corriendo cerca del agua y mis compañeros fueron hacia ellas. Yo hice lo mismo y seguí a una. De repente, el animal se cayó y mi caballo también. Me levanté y le di un golpe a la vaca. Después fui a ayudar a mi caballo, tomándolo por las riendas. Caminaba bien.

Nuestro trabajo y el de los demás, que andaban por otros sitios, iba bien. Más adelante reunieron a todos los animales. Cada vez eran más: habría unos cinco mil, entre grandes y pequeños.

A las diez nos pusimos a comer todos. Como la noche anterior, lo hicimos en silencio. Realmente, esa gente me daba gana de estar solo.

XVII

[92] *rodeo:* aquí, acción de reunir animales que viven libres y quedarse con los mejores.
[93] *cuerno:* parte dura en forma de punta que tienen algunos animales en la cabeza (normalmente dos).

Empezó el rodeo[92]. Como éramos muchos, hacíamos varias cosas a la vez. Unos arreaban a los animales, otros los tiraban al suelo para quitarles los cuernos[93], curar a los enfermos o matarlos si su enfermedad era grave.

Un toro se quiso ir y fui tras él sobre mi caballo. Pero corrí demasiado y lo adelanté. Al pararme, el toro golpeó por detrás a Comadreja. Me bajé y vi que el pobre caballo tenía una gran herida. Me enfadé mucho. Ya no pude seguir en el rodeo.

Al final del trabajo, sólo quedaron unos doscientos animales. El muchacho rubio vino hacia mí. Llevaba un pañuelo en la frente, porque se había hecho daño. Juntos miramos la herida de mi caballo y me dijo:

-No está bien. Si quiere venderlo, yo se lo compro.

Miré hacia el campo. Recordé los cangrejales.

-Le voy a decir la verdad. Yo a este caballo lo quiero mucho y no quiero dejarlo en esta pampa triste.

El rubio me explicó que no era de allí. Él se llamaba Patrocinio Salvatierra y vivía en una tierra mucho más bonita. Me quedé triste, porque tenía que vender a Comadreja.

-Parece que no me voy a ir con el caballo -dije-. Hoy me lo golpean y ayer por poco se muere en el cangrejal.

-¿Y por qué fue allí?

-Para verlo. Nunca había visto uno.

-Si quiere ver un buen cangrejal, yo puedo llevarlo aquí cerca.

Le dije que sí y nos fuimos a caballo. Por el camino vimos un toro. De pronto vino hacia mí y golpeó con el cuerno a mi caballo. Le tiré mi lazo[94] y el toro se sentó. Se movió con fuerza. Miró para todos lados, a mí, a Patrocinio. Después se levantó, era lo que yo quería. Le puse el lazo en la cabeza, pero éste se rompió y yo me caí al suelo.

¡Qué golpe! Sentí el brazo derecho completamente caído y el hombro también me dolía. Los tenía ro-

[94] *lazo:* aquí, cuerda con un nudo en un extremo que sirve para atar toros, caballos, etc., tirándoselo a los pies o a la cabeza.

tos. Mientras, Patrocinio le había puesto de nuevo el lazo al toro. Me acerqué.

-¡Eres malo! -le dije al toro. Y saqué el cuchillo con la mano izquierda. Se lo metí en el cuerpo y me caí sobre el animal. Perdí el conocimiento y nos quedamos los dos quietos, en un gran silencio de campo y cielo.

XVIII

Una luz me hacía daño; más lejos había sombras y algo se movía en ellas. Me dolía todo el lado derecho del cuerpo y la cabeza.

-¿Qué tengo?

-Se ha roto el hombro y se ha herido la cabeza -respondió Patrocinio.

Recordé lo del toro. Pedí un vaso de agua y miré alrededor. Estaba en una limpia habitación de rancho, acostado en una cama. Patrocinio estaba sentado a mi lado. Después entró una muchacha muy bonita con un vaso de agua y me ayudó a beber.

Me dijeron que Don Segundo me había puesto las vendas[95]. Luego vino una vieja curandera[96] y me

[95] *venda:* tela que se pone alrededor de una parte del cuerpo para que no se pueda mover y se cure.
[96] *curandero:* persona que no es médico, pero que cura con medios naturales o mágicos.

V. O. nº 7 en pág. 75

puso las manos sobre la cabeza. Al salir la curandera, quise ir a la cocina a tomar mate con los demás. No sentía dolor. Pero entró la muchacha de antes y me dijo riendo:

-¿*Ande* va *usté*? Siéntese en esta silla y yo le traeré un mate.

Diez minutos después, volvió con un vaso, muy seria. Yo la miraba. ¡Qué bonita era!

-¿Qué hace una flor como tú en este rancho? -pregunté.

-Yo no soy de aquí -me explicó-. He venido con mi hermano Patrocinio *pa* ayudar estos días. Además, aquí hay tres mujeres mucho más bonitas que yo.

-Yo creo que a usted no la podré olvidar nunca.

En eso entró Patrocinio.

-¿Cómo está? -preguntó. Después le habló a su hermana: Vete, Paula. En la cocina te necesitan.

La muchacha tomó sus cosas y se fue. Patrocinio se sentó y volvió a hablarme de mis caballos. Me recordó que quería comprarlos y me dijo que al día siguiente se volvía a su rancho. "Adiós" -pensé-. "Se me va el amigo y la muchacha, y yo me quedo en esta estancia, donde no conozco a nadie."

Le dije que se los vendía. Después Patrocinio se despidió y me dejó solo.

Salí para afuera. Pensé que yo también me iría al día siguiente. Ya estaba cansado de esta tierra seca. De pronto oí la voz de Paula detrás de mí:

-Oiga, el sol en la cabeza no es bueno.

Me puse el sombrero y fui hacia ella un poco triste.

-Todavía no estoy bien, pero me iré cuando ustedes se hayan ido.

-¿Ustedes?

-¿No se va con Patrocinio? -pregunté.

Entonces levantó los hombros y me dijo algo enfadada:

-A mí nadie me dice lo que tengo que hacer.

XIX

Ya se habían ido todos los que habían venido a ayudar y el rancho quedó como era siempre. En dos días conocí a todos los que vivían en él. Había un muchacho de mi edad llamado Numa al que también le gustaba Paula. Pero yo creo que la chica me miraba más a mí, porque el otro era un poco tonto.

A los diez días me sentía curado del brazo, pero enfermo del alma. Además, la antipatía[97] entre Numa y yo cada vez era más grande. Una tarde me cansé y le dije que se fuera a la cocina; yo quería estar solo con Paula. Él se enfadó y sacó el cuchillo.

[97] *antipatía:* falta de aprecio, enemistad u odio que se siente hacia alguien.

Vi lo que iba a pasar, porque Numa estaba muy enfadado. Le dejé venir, pero saqué mi cuchillo y le di en la frente. Empezó a salir sangre de la herida y Numa se puso blanco. Salió despacio gritando y Paula se fue con él.

Me quedé solo, sin saber cómo acabaría aquello. Corté con el cuchillo las vendas que me quedaban en el brazo roto. Lo moví con cuidado y vi que estaba bien. Pensé en irme.

Al rato me dijeron que ya habían vendado a Numa y había parado de salirle sangre. Fui para afuera, pero Paula no me hablaba.

Me ayudaron a ensillar mi caballo. Tendría que andar siete u ocho horas para llegar al lugar donde estaba trabajando Don Segundo. Al terminar la cena, me despedí de todos.

-Siento lo que ha pasado -le dije a Paula-. No quería enfadarla.

-No me gusta la gente con cuchillo.

-Déle recuerdos a mi amigo Patrocinio,

-Se los daré -respondió muy seria.

XX

A la salida del sol, como pensé, llegué donde estaba Don Segundo, que me esperaba. No le dije nada de mi historia.

Nos quedamos un día en aquel pueblo y salimos a la mañana siguiente. Nos fuimos hacia el Norte. Por el camino pensaba en comprarme nuevos caballos con el dinero que me quedaba de la riña de gallos.

A los seis días llegamos a un pueblo. Por la tarde iba a haber unas carreras de caballos. Por eso, cada vez llegaba más gente. Comimos en la pulpería. Don

Segundo encontró dos amigos, ¿cómo no? Ellos también eran reseros y estuvimos todos juntos.

Vi llegar los caballos de la carrera. El de color rojo era alto y fuerte. ¡Qué pingo! El marrón también era bonito.

Nos pusimos en un buen sitio. Iba a empezar la carrera y yo quería apostar. De pronto un hombre gordo me dijo:

⁹⁸ *ir una cantidad:* aquí, apostar.

-¿Vamos[98] ochenta pesos? Yo juego al marrón.

-¿Por qué no vamos cien? -dije.

-De acuerdo -contestó.

Al acabar la carrera esperábamos el grito que decía el ganador.

-¡El marrón, por un poco!

Conté los cien pesos y se los di al gordo, que esperaba sin mirarme. Más tarde volví a perder cien pesos más en otra carrera con el mismo hombre.

Me fui un rato con mis compañeros, tomamos unas cervezas y comimos unos dulces. Don Segundo perdía cincuenta pesos. En cambio, entre los dos reseros amigos habían ganado ciento setenta y dos. A uno de ellos le di cien para que los apostara por mí. Me los perdió en seguida, y ya sólo me quedaban cinco. Entonces fui a ver al hombre gordo.

-No tengo dinero -le dije-. Pero si *usté* quiere, apuesto cinco caballos.

El hombre dijo que sí y también los perdí en la siguiente carrera. Bueno, a partir de ese momento sólo miraría.

La gente parecía cansada y pasaba la tarde. Don Segundo decía bromas, pero yo seguía enfadado, sin hablar.

Los grupos se despedían, dándose la mano. Poco a poco nos quedamos solos. Al hombre que me había ganado todo el dinero le enseñé mis caballos y se llevó los cinco animales. Me quedaron sólo tres.

Nos despedimos de nuestros compañeros y seguimos viaje. Pasaríamos la noche en cualquier sitio.

-¿Vamos? -me dijo Don Segundo.

-¡Vamos! -le contesté.

Y nos fuimos a caballo, despacio.

XXI

Ya se hacía de noche. A lo lejos vimos una casa donde no vivía nadie. Al llegar hicimos fuego y calentamos agua para unos mates. Luego cocinamos la carne y la comimos sin hablar. Don Segundo me dijo, con su voz lenta:

-Te voy a contar un cuento, *pa* que lo repitas a algún amigo cuando esté triste.

Mientras yo hacía el mate, él comenzó el cuento:

- Hace mucho tiempo, Nuestro Señor Jesucristo andaba de pueblo en pueblo por Tierra Santa[99]. Enseñaba su religión y curaba con palabras. Esos viajes eran duros como los del resero y con él iba San Pedro, al que quería mucho.

Cuenta que un día a la mula[100] de Nuestro Señor se le cayó una herradura[101]. Al llegar a un pueblo, entraron en una herrería[102].

-*Güenas* tardes -dijo Nuestro Señor a un viejo que había allí-. ¿Podrías ponerle una herradura a mi mula?

-No sé si puedo ayudarles -contestó el viejo.

[99]**Tierra Santa:** lugar donde nació y vivió Jesucristo. Actualmente es Israel y Palestina.

[100] **mulo:** animal nacido de un caballo y un burro.
[101] **herradura:** hierro de forma semicircular que se pone con clavos en las patas de los caballos para que no se hagan daño contra el suelo.
[102] **herrería:** lugar donde ponen herraduras a los caballos.

Y buscó por todos los cajones, pero no encontró nada. De pronto vio una argolla[103] de plata bastante grande. Hizo una herradura con ella y se la puso a la mula.

-¿Cuánto te debemos, *güen* hombre? -preguntó Nuestro Señor.

El viejo, que se llamaba Miseria[104], lo miró bien de arriba abajo y le dijo:

-Veo que ustedes son pobres como yo. No me den dinero por este trabajo. Váyanse y algún día Dios me lo pagará.

-Está bien -dijo Nuestro Señor-. Entonces te concederé[105] tres deseos. Piénsalos bien antes de decirlos.

Miseria le miró de lado y tuvo ganas de reírse. San Pedro se puso detrás de Miseria y le dijo:

-Pide ir al Paraíso.

-Cállate, viejo -le contestó Miseria-. Quiero que el que se siente en mi silla, no se pueda levantar de ella hasta que yo lo diga.

-Concedido -dijo Nuestro Señor-. ¿Cuál es el segundo?

-Pide ir al Paraíso -le dijo otra vez San Pedro.

---

[103] *argolla:* aro gordo de metal.

[104] *miseria:* pobreza grande.

[105] *conceder:* dar algo porque se tiene poder para hacerlo.

-Quiero que el que suba a mis árboles -contestó el viejo sin escuchar a San Pedro- no pueda bajar de ellos hasta que yo lo diga.

-Concedido -dijo Nuestro Señor-. Y *aura*, el tercer y último deseo. No tengas prisa.

-Pide el Paraíso -repitió San Pedro.

-¡Cállate, viejo tonto! -le contestó Miseria enfadado, y después le dijo a Nuestro Señor:

[106] *tabaquera:* caja de tabaco.

-Quiero que el que se meta en mi tabaquera[106] no pueda salir hasta que yo lo diga.

-Concedido -dijo Nuestro Señor y, después de despedirse, se fue.

Cuando Miseria se quedó solo, pensó que no había pedido buenas cosas. Si ahora mismo viene el diablo -gritó, tirando el sombrero al suelo- le daré mi alma a cambio de veinte años de vida y mucho dinero.

En ese momento, llegó a la puerta de la herrería un hombre.

-Yo te daré lo que pides, Miseria -le dijo.

Y sacó del bolsillo un papel con letras y números. Allí lo leyeron juntos y firmaron un contrato[107].

[107] *contrato:* acuerdo entre dos o más personas, por el que cada una está obligada a hacer unas cosas.

Al irse el diablo, Miseria tomó el dinero y además vio que estaba más joven. Se fue al pueblo a comprar ropa, comió como un señor y durmió esa noche muy contento.

¡Cómo cambió la vida de ese hombre! Conoció a personas importantes, apostaba mucho dinero en las carreras, viajó por todo el mundo...

Pero veinte años después, vino a verle el diablo, con el nombre de Lilí. Era el momento de llevarse su alma. Miseria le respondió que iba a lavarse y ponerse *güena* ropa para ir al Infierno[108]. Al volver encontró al diablo sentado en su silla, esperando.

[108] *Infierno:* lugar donde vive el diablo.

-Ya estoy -le dijo- ¿nos vamos?

-No podemos irnos -contestó Lilí-. No puedo levantarme de esta silla.

Miseria se acordó de los deseos concedidos por el hombre de la mula y se rió.

-Si quieres irte -le dijo- fírmame otros veinte años de vida y mucho más dinero.

El diablo hizo lo que le pedía Miseria y éste le dejó irse.

Otra vez el hombre viajó por el mundo, vivió con reyes y príncipes y se gastó el dinero como nadie. Pero el tiempo pasó deprisa, y al cabo de veinte años Miseria se fue para su herrería a ver al diablo. Esta vez lo esperaban dos hombres, y uno de ellos era Lilí.

-Pasen adelante, siéntense -les dijo-, mientras yo me lavo y me visto.

-Yo no me siento -dijo Lilí.

-Entonces salgan afuera y coman unas frutas de mis árboles -respondió Miseria.

Lilí no quería, pero su compañero se subió al árbol y comenzó a comer sin parar, diciendo de vez en cuando:

-¡Están muy *güenas*!

-Tírame unas pocas -le gritó Lilí desde abajo.

-Súbete tú al árbol -le contestó el de arriba.

Lilí lo pensó un momento y se subió. Cuando Miseria salió y vio a los dos diablos en el árbol, se rió.

-Aquí estoy -les gritó-. Vámonos.

-Es que no nos podemos bajar -le contestaron los diablos.

-Muy bien -les dijo Miseria-. Entonces firmen otro contrato para darme veinte años más de vida y mucho dinero.

Los diablos hicieron lo que Miseria les pedía y después pudieron bajar.

Miseria volvió a viajar por el mundo, vivió con gente importante, gastó mucho dinero y tuvo amores con hermosas señoras. Pero pasaron los años como antes, y, a los veinte, Miseria volvió a la herrería.

Esta vez fueron todos los diablos a por Miseria.

-¿Quieren hablar conmigo? -preguntó.

-Sí -contestó uno de ellos.

-¿Y *usté* quién es?-le preguntó Miseria.

-Yo soy el Rey de los Infiernos.

-¿Y yo cómo puedo saberlo? -respondió Miseria-. Si es *usté* quien dice, haga que todos los diablos entren en su cuerpo y luego vuélvase una hormiga[109].

[109] *hormiga:* insecto muy pequeño generalmente de color negro.

El diablo se enfadó mucho, dio un grito y tomó la forma de una hormiga, llevando dentro a todos los diablos del Infierno. Rápidamente Miseria la agarró y la metió en su tabaquera. Después se fue a la herrería y le dio muchos golpes hasta que se cansó.

Entonces se lavó, se cambió de ropa y salió a pasear por el pueblo. Y durante muchos años hizo lo mismo: le daba unos golpes a la tabaquera y luego salía a pasear.

Por eso, ya no hubo más peleas en el pueblo. Los maridos ya no pegaban a sus mujeres, ni las madres a los hijos. Se curaron todos los enfermos, los viejos no se morían y hasta los perros fueron buenos.

-¡Qué bien! -dije alegremente.

[110] *abogado:* persona que defiende a otra ante la justicia.
[111] *desgracias:* cosas malas.
[112] *Gobernador:* jefe de una ciudad, provincia o territorio.

-Sí -respondió Don Segundo-, pero no te pongas tan contento. Porque pasó que abogados[110], curanderos, médicos y todos los que viven de las desgracias[111] de los demás comenzaron a pasar hambre. Y al cabo de unos meses fueron todos a pedirle ayuda al Gobernador[112]. Le dijeron que esas cosas pasaban porque el herrero Miseria tenía a todos los diablos del Infierno metidos en su tabaquera.

El Gobernador llamó a Miseria y le dijo:

-Deja las cosas como estaban. El mundo necesita que los diablos anden por la tierra, porque los hombres que viven de los males y las enfermedades son muchos. Vete en seguida y sácalos de tu tabaquera.

Miseria vio que el Gobernador tenía razón y se fue para su casa. Además, ya estaba viejo y cansado del mundo, así que no le importaba morirse.

Al llegar a su rancho, le dio unos cuantos golpes a la tabaquera como todos los días y les preguntó:

-¿Si os dejo libres vais a volver por aquí?

-¡No, no! -gritaban éstos desde dentro-. Déjanos libres y no volveremos nunca por tu casa.

Entonces Miseria abrió la tabaquera y se fueron todos corriendo.

Y *aura* viene el fin:

-Cuando Miseria murió se fue para el Cielo y llamó a la puerta. Entonces San Pedro se acordó de él y le dijo:

-Nuestro Señor estuvo en tu herrería y te concedió tres deseos. Tú no pediste el Paraíso. *Aura* no puedo dejarte pasar.

Entonces, Miseria se fue para el Infierno y llamó. Al verle, los diablos tuvieron mucho miedo y cerraron bien todas las puertas.

Así que Miseria no pudo entrar en el Cielo ni en el Infierno. Y por eso, desde entonces, Miseria y Pobreza son cosas de este mundo y nunca se irán, porque en ningún sitio las quieren.

Una hora duró el cuento. Nos levantamos en silencio y nos fuimos a dormir.

XXII

Por la mañana ensillé uno de mis tres caballos. Eran muy pocos. Un gaucho sin caballos no podía trabajar.

Después de cuatro días de marcha, llegamos a una estancia nueva. El patrón era joven. Quería domar unos potros y por ese trabajo regalaba dos. Le dije que lo haría yo. Era mi primera doma, pero necesitaba aquellos caballos.

¡Qué miedo tenía cuando ensillé el primero! El patrón, a caballo, me miraba. Empecé con uno de pelo blanco. Lo dejé correr, sin cansarme demasiado, y la doma acabó bien.

Los primeros caballos no resultaron difíciles, pero el último fue más duro. El patrón sonreía. Don Segundo me ayudó, golpeando al animal en las patas. No podía agarrar bien las riendas porque el potro movía demasiado la cabeza. Daba saltos y yo le golpeaba cada vez más fuerte. Al final hice sentar al caballo.

En silencio, terminamos nuestro trabajo. Dejamos los doce caballos bien atados y nos fuimos para la estancia a tomar unos mates. Primero fui a lavarme un poco las heridas de los pies. Entonces vino un domador viejo y me dijo:

-El patrón quiere que se quede *usté* aquí, de domador.

-¿*Pa* mí solo es el trabajo?

-*Pa usté* solo.

El patrón vino en ese momento y me preguntó:

-¿Cómo te llamas?

-Me dicen "el Guacho", señor.

-Entonces quédate conmigo -me dijo tocándose el bigote.

V. O. nº 8 en págs. 75-76

-Lo siento, señor, pero no puedo. Muchas gracias de todos modos.

El hombre se fue. El domador se quedó un rato pensando y luego me dijo:

-Mire, joven, piénselo mejor. El patrón es un hombre generoso[113].

[113] *generoso:* que da lo que tiene.

-Mire, señor -le contesté-. No quiero que nadie se enfade; pero ¿ve aquel hombre? -dije, mirando hacia Don Segundo-. *Güeno*, ese hombre también es generoso, pero lo que da no es dinero, sino cosas de la vida.

XXIII

En aquella estancia vivía un muchacho llamado Antenor Barragán. Era alto y delgado y tenía una gran fuerza. A los pocos días nos hicimos muy buenos amigos.

Un domingo fuimos al boliche con Don Segundo y algunos hombres. Había bastante gente. Allí Antenor me invitó a una copa y nos pusimos a hablar. Al rato, un hombre se nos acercó y nos dio la mano. Tendría unos cincuenta años y vestía como un gaucho, con un poncho al hombro y unas botas de potro. Parecía venir de lejos.

De pronto, habló a Antenor:

-¿Tienes miedo de mi cuchillo?

Antenor se levantó y le miró. Sabía quién era y qué quería.

-Yo era muy joven -dijo- y ella, una mujer que se iba con cualquiera.

Muy enfadado, el forastero[114] quiso pegarle, pero algunos lo agarraron.

-Afuera tendremos más sitio -le dijo Antenor. Y salió.

Los seguimos. El forastero sacó despacio su cuchillo. Antenor esperaba con otro más pequeño. Pelearon y le hizo al forastero una herida en toda la cara. El muchacho quería terminar pronto y se fue hacia él con fuerza. Antenor levantó en alto al forastero y lo tiró de espaldas.

Se acabó. Le ayudamos a sentarse en el suelo. Le salía mucha sangre. Se moría. Antenor huyó a caballo por miedo a la policía.

-Somos como perros, somos como perros -repetía un hombre muy enfadado.

XXIV

Pensé mucho rato en lo que había visto. Antenor era un hombre tranquilo y, sin embargo, había matado a un hombre. ¿Es que nadie es dueño de su persona?

También pensaba en mi vida y en la de Don Segundo. ¿Dónde estaría yo ahora si hubiera matado a Numa? ¿Y si me hubiera quedado con Paula? ¿Y si no hubiera conocido a Don Segundo? Nadie puede huir de su destino[115].

[115] *destino:* fuerza desconocida que se cree que lleva a las personas a hacer las cosas.

Una semana más tarde encontramos trabajo como peones en un arreo de seiscientos animales. Estaríamos doce días de marcha. La primera noche nos llovió mucho y huyeron algunos animales; otros murieron.

Al día siguiente seguimos nuestro camino, pero íbamos todos un poco tristes. Seis días más marchamos entre fríos y lluvias. Por fin llegamos a un sitio donde descansaríamos tranquilos. Dimos agua a nuestros caballos y los bañamos. Después llegó la noche, despacio, como una cosa grande y tranquila.

XXV

Nos levantamos a la salida del sol. Habíamos dormido ocho horas. Tomamos unos mates y nos fuimos.

Yo tenía problemas: mis tres caballos estaban muy cansados. ¿Qué hacer? No podía dejar el trabajo. Tampoco podía pedirle uno o dos caballos a Don Segundo, porque entonces él se quedaría también con pocos.

De pronto vi a alguien hablando con Don Segundo. Era Pedro Barrales. Me acerqué a él para darle la mano, pero éste se tocó el sombrero y me llamó de "usted":

-¿Cómo le va?

-¿Qué te pasa, hermano? -respondí -. ¿Tienes algo contra mí?

Pedro miró a Don Segundo y éste me habló:

-Pedro tiene una cosa para ti. Lee ese papel que trae en la mano.

La carta estaba firmada por Don Leandro Galván y decía:

"Querido y joven amigo:

[116] *sorpresa:* algo que no se espera.
[117] *tutor:* persona que cuida de otra y de su dinero.

Sé que esta carta será una sorpresa[116] para usted. Pero debo decirle que su padre, Fabio Cáceres, ha muerto. Ahora yo seré su tutor[117] hasta que sea mayor de edad..."

En ese momento me vinieron muchos recuerdos a la cabeza: mis paseos con Don Fabio, los pequeños caballos que me regaló, mis tías... ¡eran en verdad mis tías! Miré alrededor. Pedro y Don Segundo se habían ido. Me sentí solo. El campo me parecía distinto.

Llegué hasta donde estaban Pedro y Don Segundo. Éste me dijo que ya no podría seguir con la tropa. Había hablado con el capataz y vendría otro peón en mi lugar.

-Don Segundo -le dije, enfadado-, dígame que ese papel no dice la verdad. Yo no soy hijo de nadie y nadie puede darme dinero ni nombre.

-Tranquilo, muchacho -respondió él-. Tu padre era Fabio Cáceres y el único mal que hizo fue ser rico. Esto ya lo aprenderás tú solo con el tiempo.

[118] *herencia:* dinero y otras cosas que se reciben tras la muerte de una persona.

Me quedé callado. No sabía qué pensar. Le diría a Don Leandro que no quería la herencia[118]. Don Fabio no me había querido en vida como hijo, así que yo ahora no lo quería como padre.

Parece mentira; en lugar de alegrarme por las riquezas[119], me ponía triste por las pobrezas que dejaba. ¿Por qué? Porque detrás de ellas estaban todos mis recuerdos de resero.

Fuimos hasta donde estaba la tropa, a despedirnos de los compañeros. Les di la mano a todos y sentí que me decía adiós a mí mismo.

Pasamos la noche en un rancho de Navarro, donde vi mi primera riña de gallos. Todo fue normal, menos mi silencio. No dormí bien.

A la mañana siguiente ensillamos. Hacíamos las mismas cosas, pero éramos distintos. "¿Distintos? ¿Por qué? Porque yo ya no era un gaucho" -pensé.

Terminé de ensillar. El sol salía. Fuimos a la cocina a tomar unos mates. Todo eso no importaba nada.

-Entonces -dije - *aura* nos vamos hasta la estancia de Don Fabio. Allí me saluda la gente. Después me dan mi herencia y mi dinero... ¿no es así?

-Así es -respondió Pedro.

-Y eso quiere decir que ya no soy un gaucho, ¿verdad?

Don Segundo me miró.

-Mira, si eres gaucho de verdad, lo serás siempre, en cualquier sitio.

XXVI

Llegamos a la tierra donde había nacido. Pensé que nunca más volvería. Hicimos noche en la pulpería de "La Blanqueada". ¡Cuántos recuerdos! Al día siguiente todo el mundo me llamaba "señor" y me saludaba como a un príncipe.

[120] *legítimo:* de acuerdo con la ley o la justicia (es decir, aquí, reconocido legalmente como hijo de alguien).

[121] *vergüenza:* aquí, persona no deseada, desaprobada por su familia y por la opinión general.

Antes, es verdad, fui gaucho y nunca quise saber quién era mi padre. Guacho y gaucho me parecía lo mismo, para mí quiere decir ser hijo de Dios, del campo y de uno mismo. Ahora pasaba a ser hijo legítimo[120] de alguien. Pero además yo era lo que los ricos llaman la vergüenza[121] de una familia, y por eso me habían escondido durante mucho tiempo.

Después de comer fuimos a ver a Don Leandro.

-Acérquese, amigo -me dijo al verme.

Me acerqué y le di la mano. Me miraba con amor.

-Ya te has hecho hombre. Tú me conociste como patrón, pero ahora soy tu tutor y eso es como un padre. Veo que estás cansado, ya tendremos tiempo de hablar.

Yo tenía el sombrero en la mano y estaba triste. Me sentía extraño.

-Allí te espera tu estancia -siguió Don Leandro-. Yo estaré a tu lado para ayudarte.

Después llamó a un muchacho, que vino y se puso a mi lado.

-Raucho, lleva a este joven a su habitación y búscale amigos.

-Está bien, padre.

Caminábamos. Le miré. Era más grande que yo. Me parecía fuerte y simpático.

-¿*Usté* es hijo del patrón? -le pregunté.

-Eso dicen y dice él -respondió riendo.

Después me llevó a mi habitación. Miré la cama, las paredes empapeladas[122], el lavabo. Miré a Raucho.

[122] *empapelado:* cubierto de papel.

-¿No te gusta? -me preguntó.

-Me parece -le dije- que pasaré la noche mirando las flores del papel.

Don Leandro nos dejó comer aquel día en la cocina con los peones. Tomamos unos mates con Don Segundo y con Valerio. Éste se alegró de verme.

Por la noche me pasé varias horas hablando con mi nuevo amigo. Le conté todos mis recuerdos hasta que se durmió.

XXVII

Habían pasado tres años desde que llegué para ser patrón de mi herencia. Podía mirar alrededor y pensar que todo era mío. Pero eso no quería decir nada. Siendo gaucho siempre había sentido que la pampa era mía.

Don Segundo se había quedado a vivir conmigo. Nos levantábamos al amanecer y nos acostábamos a la caída del sol, como siempre. Pasaba poco tiempo en la casa grande y vacía. Para mí era la estancia del otro hombre, al que yo no recordaba como padre.

Mi amistad con Raucho cada vez era mayor. En casa de Don Segundo pasábamos los mejores ratos, tomando mate o tocando la guitarra. Y él nos contaba cuentos o historias de su vida.

Además, la educación que me daba Don Leandro, los libros y algunos viajes a Buenos Aires con Raucho, me hicieron aprender mucho.

Pero una tarde me llevé una gran tristeza.

Miré el reloj. Eran las cinco. Monté a caballo y fui a ver a Don Segundo. No podía quedarse más tiempo. Él estaba hecho para irse y ya llevaba tres años en un mismo lugar.

Nos saludamos como siempre.

Fui con él durante un rato. No hablábamos. ¿Para qué?

Nos dimos la mano y nos deseamos suerte, con una sonrisa. Lo vi alejarse. Se hacía de noche. Di la vuelta a mi caballo y me fui para la estancia, despacio.

V. O. nº 10 en pág. 76

[123] *desangrar:* perder sangre. Me fui, como quien se desangra[123].

FIN

V. O. nº 1, de pág. 10

Al cruzar una calle espanté desprevenidamente un caballo, cuyo tranco me había parecido más lejano, y como el miedo es contagioso, aun de bestia a hombre, quedéme clavado en el barrial sin animarme a seguir. El jinete, que me pareció enorme bajo su poncho claro, reboleó la lonja del rebenque contra el ojo izquierdo de su redomón; pero como intentara yo dar un paso, el animal asustado bufó como una mula, abriéndose en larga "tendida". Un charco bajo sus patas se despedazó chillando como un vidrio roto. Oí una voz aguda decir con calma:

—Vamos, pingo... Vamos, vamos, pingo...

Luego el trote y el galope chapalearon en el barro chirle.

Inmóvil, miré alejarse, extrañamente agrandada contra el horizonte luminoso, aquella silueta de caballo y jinete. Me pareció haber visto un fantasma, una sombra, algo que pasa y es más una idea que un ser; algo que me atraía con la fuerza de un remanso, cuya hondura sorbe la corriente del río.

Con mi visión dentro, alcancé las primeras veredas sobre las cuales mis pasos pudieron apurarse. Más fuerte que nunca vino a mí el deseo de irme para siempre del pueblito mezquino. Entreveía una vida nueva hecha de movimiento y espacio.

***

V. O. nº 2, de pág. 19

En el pueblo sabían mi paradero, y posiblemente querrían obligarme a volver para casa. Esa isoca no me haría daño porque ya estaba en paiva mi lino. Antes me zamparía en un remanso o me haría estropear por los cimarrones, que aceptar aquel destino. De ningún modo volvería a hacer el vago por las calles aburridas. Yo era, una vez por todas, un hombre libre que ganaba su puchero [...]

Por segunda vez parecía que la casualidad me daba la solución. ¿No decidí pocos días antes escapar, por haberme marcado un camino el paso de Don Segundo? Pues esa vez me iría detrás de la tropa, librándome de peligros lugareños con sólo mudar de pago. ¿A dónde iría la tropa? ¿Quiénes iban de reseros?

A la tarde Goyo me informó, aunque insuficientemente, a mi entender.

La tropa sería de quinientas cabezas y saldría de allí dos días para el Sur, hacia otro campo de Don Leandro.

—¿Y quiénes son los reseros?

—Va de capataz Valerio y de piones Horacio, Don Segundo, Pedro Barrales y yo, a no ser que mandés otra cosa.

***

V. O. nº 3, de págs. 26-27

Mientras apretaba el cinchón y desataba el cebrunito del poste trayéndolo al medio de la playa, Don Segundo me aleccionó:

-El hombre no debe ser sonso. De la gente jineta que vos ves aura, muchos han sido chapetones y han aprendido a juerza de malicia. En cuanto subás charquiá no más sin asco, que yo no vi a andar contando, y no le aflojés hasta que no te sintás bien seguro. ¿Me ah'entendido?

-Ahá.

-Güeno. [...]

Don Segundo alzó el rebenque. El petizo levantó la cabeza y echó a correr sin intentar más defensa. Alrededor de la playa dimos una gran vuelta. Poco a poco me fui envalentonando y acodillé al petizo buscando la bellaqueada. Dos o tres corcovos largos respondieron a mi invitación; los resistí sin apelar al recurso indicado.

-Ya está manso -dije.

***

V. O. nº 4, de pág. 28

Hacía mucho tiempo, cinco años si mal no recordaba, intenté una recopilación de los insulsos días de mi existencia pueblera, y resolví romperla con un cambio brusco. [...]

Bendito el momento en que a aquel chico se le ocurrió huir de la torpe casa de sus tías. Pero, ¿era mío el mérito?

Pensé en Don Segundo Sombra que en su paso por mi pueblo me llevó tras él, como podía haber llevado un abrojo de los cercos prendido en el chiripá.

Cinco años habían pasado sin que nos separáramos ni un solo día, durante nuestra penosa vida de reseros. Cinco años de ésos hacen de un chico un gaucho, cuando se ha tenido la suerte de vivirlos al lado de un hombre como el que yo llamaba mi padrino. Él fue quien me guió pacientemente hacia todos los conocimientos de hombre de pampa. [...]

También por él supe de la vida, la resistencia y la entereza en la lucha, el fatalismo en aceptar sin rezongos lo sucedido, la fuerza moral ante las aventuras sentimentales, la desconfianza para con las mujeres y la bebida, la prudencia entre los forasteros, la fe en los amigos.

***

V. O. nº 5, de págs. 35 -36

Después de dos días de marcha, sin peripecias, llegamos al pueblo de Navarro, un domingo por la mañana. [...]

Oí que el desconocido amigo de Don Segundo le hablaba de riñas de gallos, instándolo a que fuera esa tarde testigo de una casi segura victoria suya sobre un forastero del Tandil. [...]

Mi padrino me hacía burla por mi audacia en el juego, pretendiendo que en caso de pérdida no huiera podido pagar las apuestas.

Saqué con orgullo el paquete de pesos de mi tirador y conté, apretándolos bien en una esquina para que no me los llevara el viento.

-¿Sabe cuántos, Don Segundo?

-Vos dirás.

-Ciento noventa y cinco pesos.

-Ya tenés pa comprarte una estancita.

-Unos potros sí.

***

V. O. nº 6, de pág. 43

Empezó el torneo bárbaro. Como éramos muchos, hacíamos varias cosas a un tiempo. Para un lado, hacia el señuelo, se paleteaban las reses. Para otro se arreaban a cierta distancia, campo afuera, a fin de voltearlas a lazo y curar, descornar, capar, o simplemente cuerearlas, después del obligado degüello, si estaban en estado de enfermedad incurable.

***

V. O. nº 7, de págs. 45-46

Me dolía todo el lado derecho del cuerpo y la cabeza, también del lado derecho.

-¿Qué tengo?

-Se ha quebrao la eslilla y se ha lastimao la cabeza. Parece que el costillar lo tiene machucao.

Recordé; el toro, el tirón... Y entré claramente en la comprensión de lo sucedido y lo actual.

Pedí un vaso de agua y miré alrededor.

Estaba en una prolija pieza de rancho, acostado en un catre. Patrocinio, sentado en un banquito bajo, me espiaba de vez en cuando. Una muchacha desconocida, bonita, entró con un jarro de agua y me ayudó a enderezar la cabeza para beber. [...]

-Pero ¿por qué milagro -exclamé- ha nacido una flor en un pago tan tioco?

Admitiendo con naturalidad el piropo, me explicó:

-Yo no soy de aquí. He venido con mi hermano Patrocinio pa ayudar, estos días. Aquí hay tres mujeres que, ¡si las viera!, no andaría gastando saliva en una pobrecita olvidada de Dios como yo.

***

V. O. nº 8, de págs. 61-62

-¿Cómo te llamás? -me preguntó el patrón.

-Quisiera saberlo, señor.

El patrón frunció el ceño.

-¿No sabés de dónde venís tampoco?

-¿De ande vendrá esta matrita? -comenté como para mí.

-¿De modo que ni tus padres quedrás nombrar?

-¿Padres? No soy hijo más que del rigor; juera de ésa, casta no tengo nenguna; en mis pagos algunos me dicen "el Guacho".

El patrón se tiró los bigotes, después me miró de frente. Nunca nadie me había mirado tan de frente y tan por partes.

-Razón de más -me dijo- pa que te quedés conmigo.

-Siento en deveras, señor; pero tengo compromisos que no puedo dejar de cumplir. Usté me disculpará... y muchas gracias de todos modos.

El hombre se fue. [...]

-Vea, Don -contesté sobre el pucho-, no es que yo quiera desmerecer a nadie, ni que ignore lo que vale una voluntá; pero, ¿ve aquel hombre? -dije, señalando a Don Segundo que venía del corral, trayendo despacio su chiripá, familiar para mí, su chambergo chicuelo y unos maneadores enrollados-. Güeno, ese hombre también tiene la mano larga... y, Dios me perdone, más larga cuando ha sacao el cuchillo...; pero igual que su patrón, sabe abrirla muy grande y lo que en ella se puede hallar no son patacones, señor, pero cosas de la vida.

*** .

V. O. nº 9, de pág. 66

"Estimado y joven amigo: ...

"Su padre, Fabio Cáceres, ha muerto y deja en mis manos la difícil e ingrata tarea de llevar a cabo lo que él siempre pensó..."

Saltée unas líneas: "...soy, pues, su tutor hasta mayoría de edad..."

... Me encaré con mi padrino:

-Don Segundo, hágame el favor de decirme que ese papelito miente. Yo no soy hijo de nadie y de nadie tengo que recibir consejos, ni plata, ni un nombre tan siquiera. [...]

-Despacio, muchacho -interrumpió mi padrino-, despacio. Tu padre ni andaba de florcita con las mozas, ni faltaba de vergüenza. Tu padre era un hombre rico como todos los ricos y no había más mal en él. Y no tengo otra cosa que decirte, sino que te queda mucho por aprender y, sin ayuda de naides, sabrás como verdá lo que aura te digo.

***

V. O. nº 10, de pág. 71

Nos saludamos como siempre.

A la par, tranqueando, hicimos una legua por el callejón. Entramos a un potrero, para cortar campo, y llegamos hasta la loma nombrada "del Toro Pampa", donde habíamos convenido despedirnos. No hablábamos. ¿Para qué?

Bajo el tacto de su mano ruda, recibí un mandato de silencio. Tristeza era cobardía. Volvimos a desearnos, con una sonrisa, la mejor de las suertes. El caballo de Don Segundo dio el anca al mío y realicé, en aquella divergencia de dirección, todo lo que iba a separar nuestros destinos.

Tareas • Tareas

a gusto

a oscuras

a veces

abajo

abogado, a (el, la)

abrazar

abrir; abierto, a

acabar

acercar

acordar; acuerdo (el)

acostar; acostado, a

adelante

además

adiós

afuera

agarrar; agarrado, a

agua (el) (plural: las aguas)

ahí

ahora

aire (el)

al cabo de

al fin; al final

al lado de

alegrar; alegría (la); alegre; alegremente

alejar

algo; alguien; algún(o), a

allí

alma (el) (plural: las almas)

alrededor

altura (la); alto, a

amable

amanecer (el)

amar; amor (el)

amarillo, a

amistad (la); amigo, a (el, la)

andar

animal (el)

anterior; antes

antiguo, a

antipatía (la)

año (el)

apartado, a

aplauso (el)

apostar; apuesta (la)

aprender; aprendido, a

aquí

árbol (el)

arco (el)

argolla (la)

arrastrar

arrear; arreo (el)

arreglar

arriba

así

asomar

asustar

atado, a

atraer

atrás

ayer

ayudar

azul

bailar; baile (el)

bajar

bandera (la)

bañar

bar (el)

barco (el)

bastante

beber; bebida (la)

bien

bigote (el)

blanco, a

blando, a

boca (la)

bocha (la)

boliche (el)

bolsa (la)

bolsillo (el)

bonito, a

borracho, a

bota (la)

bote (el)

brazo (el)

broma (la)

buen(o), a

buscar

caballo (el) (fem.: la yegua)

cabeza (la)

caburé (el)

caer; caída (la)

calentar

callar; callado, a

calle (la)

calor (el)

cama (la)

cambiar; cambio (el)

caminar; camino (el)

campo (el) ....
cangrejal (el) ....
cansar; cansado, a ....
....
caña (la) ....
capataz (el, la) ....
cara (la) ....
carne (la) ....
carrera (la) ....
carta (la) ....
casa (la) ....
casi ....
cementerio (el) ....
cenar; cena (la) ....
....
cercano, a; cerca ....
....
cerrar ....
cerveza (la) ....
chico, a (el, la) ....
cielo (el) ....
claro, a ....
coche (el); cochera (la) ....
....
cocinar; cocina (la); cocinero, a (ol, la) ....
....
....
colchón (el) ....
colegio (el) ....
colgado, a ....
color (el) ....
comenzar ....
comer; comida (la) ....
....
comisaría (la); comisario, a (el, la) ....
....
compañero, a (el, la) ....
completamente ....
comprar ....
conceder; concedido, a ....
....
conocer; conocimiento (el); conocido, a ....
....
contar; cuento (el); contador, -a ....
....
....
contento, a ....
contestar ....
contrato (el) ....
copa (la) ....
corazón (el) ....
correr ....
cortar; corto, a ....
....
cosa (la) ....
costar ....
creer ....
cruzar; cruz (la) ....
....

cualquier(a) ....
cubrir ....
cuchillo (el) ....
cuello (el) ....
cuenta (la) ....
cuerno (el) ....
cuerpo (el) ....
cuidado (el) ....
curar; curandero, a (el, la); curado, a ....
....
daño (el) ....
dar ....
de pronto ....
de repente ....
de vez en cuando ....
debajo ....
deber ....
decir ....
dejar ....
delante de ....
delgado, a ....
demás; demasiado ....
dentro ....
deprisa ....
derecha (la); derecho, a ....
....
desangrar ....
desayunar; desayuno (el) ....
....
descansar ....
desconocido, a ....
desear; deseo (el) ....
....
desgracia (la) ....
despacio ....
despedirse ....
despertar ....
después ....
destino (el) ....
detrás de ....
día (el) ....
diablo, diablesa (el, la) ....
dibujar ....
diferente ....
difícil ....
dinero (el) ....
dirección (la) ....
distinto, a ....
divertir; divertido, a ....
....
doler; dolor (el) ....
....
domar; doma (la); domador, -a (el, la) ....
....
....
domingo (el) ....
don, doña ....
dormir; dormido, a ....
....

dueño, a (el, la) ....

dulce ....

durar; durante ....

....

duro, a ....

echar ....

edad (la) ....

educación (la) ....

emoción (la) ....

empapelado, a ....

empezar ....

en seguida ....

enano, a (el, la) ....

encanto (el) ....

encender; encendido, a ....

....

encima ....

encontrar; encuentro (el) ....

....

enfadar; enfadado, a ....

....

enfermedad (la); enfermo, a ....

....

enfrente ....

enseñar ....

ensillar ....

entender ....

entonces ....

entrar; entrada (la) ....

....

esconder ....

escuchar ....

espacio (el) ....

espalda (la) ....

esperar ....

estar; estancia (la) ....

....

explicar ....

extraño, a ....

fácil ....

familia (la) ....

fantasma (el, la) ....

feliz ....

feo, a ....

feria (la) ....

fiesta (la) ....

fin (el); final (el) ....

....

firmar; firmado, a ....

....

flamenco (el) ....

flecha (la) ....

flor (la) ....

forastero, a (el, la) ....

forma (la) ....

frente (la); frente a ....

....

frío (el); frío, a ....

....

fruta (la) ....

fuego (el) ....

fuente (la) ....

fuerza (la); fuerte ....

....

gallo, gallina (el, la) ....

gana (la) ....

ganar; ganador, -a (el, la) ....

....

gastar ....

gaucho (el) ....

generoso, a ....

gente (la) ....

gobernador, -a (el, la) ....

golpear; golpe (el) ....

....

gordo, a ....

gracias ....

gran(de) ....

grave ....

gris ....

gritar; grito (el) ....

grupo (el) ....

guacho, a ....

guapo, a ....

guaraní (el) ....

guardar ....

guitarra (la) ....

gustar ....

haber ....

habitación (la) ....

hablar ....

hacer ....

hambre (el) (plural: las hambres) ....

herencia (la) ....

herir; herida (la); herido, a ....

....

hermano, a (el, la) ....

hermoso, a ....

herradura (la); herrería (la); herrero, a (el, la) ....

....

hierba (la) ....

hijo, a (el, la) ....

historia (la) ....

hombre (el) ....

hombro (el) ....

hora (la) ....

hormiga (la) ....

hotel (el) ....

hoy ....

hueso (el) ....

huir ....

humor (el) ....

hundir ....

iglesia (la) ....

importar; importante ....

....

indio, a (el, la) ....

Tu diccionario

infierno (el) ....

invitar ....

ir ....

isla (la) ....

izquierda (la); izquierdo, a ....

jardín (el) ....

jaula (la) ....

jinete, a (el, la) ....

joven (el, la) ....

jugar; juego (el) ....

junto, a; junto a ....

lado (el) ....

ladrón, -a (el, la) ....

lágrima (la) ....

largo, a ....

lavar; lavabo (el) ....

leer ....

legítimo, a ....

lejano, a, lejos ....

lento, a, lentamente ....

letra (la) ....

levantar ....

libertad (la); libre ....

libro (el) ....

licor (el) ....

limpiar; limpio, a ....

llamar; llamado, a ....

llegar ....

llenar; lleno, a ....

llevar ....

llorar ....

llover; lluvia (la) ....

luchar ....

luego ....

lugar (el) ....

luz (la) ....

madera (la) ....

madre (la) ....

mal (el); malicioso, a; malo, a; mal ....

mandar ....

mano (la) ....

manso, a ....

mañana ....

mar (el, la) ....

marchar; marcha (la) ....

marido (el) ....

marrón ....

más ....

matar ....

mate (el) ....

mayoría (la); mayor ....

médico, a (el, la) ....

medio, a ....

mediodía (el) ....

mejor ....

menos ....

mentira (la) ....

mes (el) ....

mesa (la) ....

meter; metido, a ....

metro (el) ....

miedo (el) ....

mientras; mientras tanto ....

minuto (el) ....

mirar ....

misa (la) ....

miseria (la) ....

mismo, a ....

modo (el) ....

mojar; mojado, a ....

molestar ....

momento (el) ....

moneda (la) ....

montar; montado, a ....

moreno, a ....

morir; muerte (la); muerto, a ....

mover; movimiento (el) ....

muchacho, a (el, la) ....

mucho, a ....

mujer (la) ....

mulo, a (el, la) ....

mundo (el) ....

música (la) ....

muy ....

nacer ....

nada; nadie ....

Navidad (la) ....

necesitar; necesario, a ....

negro, a ....

nervioso, a ....

ningún(o), a ....

niño, a (el, la) ....

no ....

noche (la) ....

nombre (el) ....

normal ....

norte (el) ....

novio, a (el, la) ....

nuevo, a ....

número (el) ....

nunca ....

ocupado, a ....

ocurrir ....

oficio (el) ....

oír ....

ojo (el) ....

olvidar ....

otro, a ....

padre (el) ....

pagar ....

pájaro (el) ....

palabra (la) ....

palacio (el) ....

pampa (la) ....

pañuelo (el) ....

papel (el) ....

paraíso (el) ....

parar ....

parecer ....

pared (la) ....

partir ....

pasar; paso (el) ....

pasear; paseo (el) ....

pata (la); patada (la) ....

patrón, -a (el, la) ....

pedir ....

pegar ....

pelear; pelea (la) ....

pelo (el); peluquería (la) ....

pensar; pensamiento (el) ....

peón (el) ....

pequeño, a ....

perder ....

perro, a (el, la) ....

persona (la) ....

pescar; pescador, -a (el, la); pez (el) ....

peso (el) ....

pie (el) ....

piedra (la) ....

pierna (la) ....

pingo (el) ....

plata (la) ....

plato (el) ....

plaza (la) ....

pluma (la) ....

pobreza (la); pobre ....

poco, a ....

poder ....

policía (el, la) ....

poncho (el) ....

poner ....

por fin ....

posiblemente ....

potro (el) ....

preguntar ....

preparar ....

prestar ....

príncipe, princesa (el, la) ....

prisa (la) ....

prisión (la); preso, a ....

problema (el) ....

profundamente ....

pronto ....

protector, -a (el, la) ....

provocación (la) ....

pueblo (el) ....

puerta (la) ....

pulpería (la); pulpero, a (el, la) ....

quedar(se) ....

querer; querido, a ....

quieto, a ....

quitar ....

rancho (el) ....

rápidamente ....

rato (el) ....

razón (la) ....

realmente ....

recibir ....

reconocer ....

recordar; recuerdo (el) ....

regalar; regalo (el) ....

reír; risa (la) ....

relato (el) ....

religión (la) ....

reloj (el) ....

repetir ....

resero, a (el, la) ....

respirar ....

responder ....

resultar ....

reunir ....

rey, reina (el, la) ....

rezar ....

riendas (las) ....

rincón (el) ....

riña (la) ....

río (el) ....

riqueza (la); rico, a ....

rodeo (el) ....

rojo, a ....
romper; roto, a ....

ropa (la) ....
rubio, a ....
ruido (el) ....
sábado (el) ....
saber ....
sacar ....
salir; salida (la) ....

salón (el) ....
salto (el) ....
saludar; saludo (el) ....

sangre (la) ....
seco, a ....
seguir; seguido, a ....

seguro, a ....
semana (la) ....
sentarse; sentado, a ....

sentir ....
señor, -a (el, la) ....
ser ....
serio, a ....
sí ....
siempre ....
siesta (la) ....
siguiente ....
silencio (el) ....
silla (la) ....
simpático, a ....
simplemente ....
sitio (el) ....
sol (el) ....
soledad (la); solo, a; sólo ....

sombra (la); sombrero (el) ....

sonreír; sonrisa (la) ....

sordo, a ....
sorpresa (la) ....
subir ....
sucio, a ....
sueldo (el) ....
suelo (el) ....
sueño (el) ....
suerte (la) ....
suficiente ....
tabaquera (la) ....
tal ....
también ....
tampoco ....
tan; tanto, a ....

tapar ....

tarde (la); tarde ....

tener ....
terminar ....
tiempo (el) ....
tierra (la) ....
tío, a (el, la) ....
tirar ....
tocar ....
todavía ....
todo, a ....
tomar ....
tontería (la); tonto, a ....

toro (el) (fem.: la vaca) ....
trabajar; trabajador, -a (el, la); trabajo (el) ....

traer ....
tranquilizar; tranquilidad (la); tranquilo, a ....

tristeza (la); triste ....

tropa (la) ....
tutor, -a (el, la) ....
último, a ....
un; uno, a; único, a ....

unir ....
vaca (la) ....
vacío, a ....
valer; valiente ....

varios, as ....
vaso (el) ....
vendar; venda (la) ....

vender ....
venir ....
ver ....
verdad (la) ....
vergüenza (la) ....
verijas (las) ....
vestir; vestido (el); vestido, a ....

vez (la) ....
viajar; viaje (el) ....

viejo, a ....
vivir; vida (la) ....

volar ....
volver; vuelta (la) ....

voz (la) ....
ya ....
yegua (la) ....

Guía de comprensión lectora.

1 ¿Cómo se llamaba el protector del protagonista? ¿Dónde vivía?...

2 ¿Por qué el protagonista quería irse con Don Segundo Sombra?...

3 ¿Quiénes fueron el capataz y los peones del primer arreo?...

4 ¿Cómo se llamaba la primera muchacha que conoció el protagonista?...................................

5 ¿Cuántos pesos reunió el protagonista tras la riña de gallos?...

6 ¿Qué trabajo hacían los hombres en el rodeo?...

7 ¿Cómo se rompió el hombro y se hirió en la cabeza el protagonista?....................................

8 ¿Quién era Paula?..

9 ¿Por qué pelearon el protagonista y Numa?..

10 ¿Qué perdió el protagonista en las carreras de caballos?..

11 ¿Cuáles eran los tres deseos que pidió el viejo Miseria a Nuestro Señor Jesucristo en el segundo cuento de Don Segundo?...

12 ¿Cuántos potros ganó el protagonista en su primera doma?...

13 ¿Quién era realmente Fabio Cáceres?...

14 ¿Por qué el protagonista no deseaba su herencia?..

15 ¿Cuánto tiempo se quedó Don Segundo con el protagonista en su nueva estancia? ¿Por qué se marchó al final?........

Escribe tu ficha RESUMEN